七十二候の切り紙

佐藤蕗野

日本には、七十二候という季節の示し方があります。

春夏秋冬の四季、立春や夏至、秋分、大寒などの二十四節気。そしてこの二十四節気をさらに約五日ごとに区切ったのが七十二候です。

七十二候はこまやかな自然の変化であらわされ、うつろいゆく季節を感じさせてくれます。暮らしの中でめぐる季節を感じることは、心動かされるひとときかもしれません。

七十二の季節を、切り紙を通して楽しんでいただけたらと思います。

佐藤蕗野

切り紙で日本の七十二の季節を楽しみましょう

切り紙で楽しむごあいさつ

ふと季節のうつろいを感じたとき、切り紙で気持ちを伝えてみませんか。好きな色の和紙をサクッと切って、手紙や葉書、一筆箋やぽち袋にかわいく貼ってみましょう。

七十二候について

現在使われている新暦が定められるまで親しまれてきたのが、旧暦です。旧暦では月が新月から次の新月になるまでを一ヶ月とする太陰暦と、地球が太陽のまわりを一周する動きを一年とした太陽暦をあわせた「太陰太陽暦」が取り入れられていました。

旧暦で季節の指標となったのが、太陽暦の一年を24の季節に分けた二十四節気です。立春から始まり、啓蟄、春分、立夏、夏至、秋分、白露というように季節がめぐり、大寒で一年が終わります。

二十四節気をそれぞれほぼ五日ごとに3つ（初候、次候、末候）の時期に分けたのが七十二候です。七十二候は草木萌え動く（そうもくもえうごく）、菜虫蝶と化す（なむしちょうとかす）といったように花や草木や鳥などの季節の動きをそのまま呼び名にしています。

七十二候は、もともと中国から渡ってきた暦で、江戸時代から日本の気候風土に合わせて書き換えられてきました。そこにはすべての自然現象に目を向け、暦とともに暮らしてきた日本人ならではの季節感があらわれています。

※新暦の日付は、年によって１日ずれることがあるので、表記を頃としてあります。

ぽち袋に季節の切り紙を貼って、旬の気分をおすそ分け。こんなありがとうの伝え方もいいですね。

土脈潤い起こる
【型紙は119ページ】

蚕起きて桑を食う
【型紙は125ページ】

たんぽぽ1
【型紙は121ページ】

鴻雁来る
【型紙は134ページ】

ぜんまい
【型紙は119ページ】

しろつめくさの花輪
【型紙は142ページ】

切り紙で楽しむごあいさつ……4
用意するもの……10
切り方……11
和紙折り紙でぽち袋を作りましょう……12
消しゴムはんこで落款を押してみましょう……12
紙のはなし……13

もくじ

春……14

立春【りっしゅん】……16
- 初候 **東風凍を解く** とうふうこおりをとく……17
- 次候 **黄鶯睍睆く** うぐいすなく……18
- 末候 **魚氷に上る** うおこおりにあがる……19

雨水【うすい】……20
- 初候 **土脈潤い起こる** どみゃくうるおいおこる……21
- 次候 **霞始めて靆く** かすみはじめてたなびく……22
- 末候 **草木萠え動く** そうもくもえうごく……23

啓蟄【けいちつ】……24
- 初候 **蟄虫戸を啓く** すごもりのむしとをひらく……25
- 次候 **桃始めて笑う** ももはじめてわらう……26
- 末候 **菜虫蝶と化す** なむしちょうとかす……27

春分【しゅんぶん】……28
- 初候 **雀始めて巣くう** すずめはじめてすくう……29
- 次候 **桜始めて開く** さくらはじめてひらく……30
- 末候 **雷乃声を発す** かみなりこえをはっす……31

清明【せいめい】……32
- 初候 **玄鳥至る** つばめきたる……33
- 次候 **鴻雁北へかえる** がんきたへかえる……34
- 末候 **虹始めて見る** にじはじめてあらわる……35

穀雨【こくう】……36
- 初候 **葭始めて生ず** あしはじめてしょうず……37
- 次候 **霜止んで苗出ず** しもやんでなえいず……38
- 末候 **牡丹華さく** ぼたんはなさく……39

ねこやなぎ……14・16
さくらの花びら……14・30
うぐいす……15・18
ぜんまい……15・20
わらび……15・24
つくし1・2……20
じんちょうげ……24
すみれ……24
たんぽぽ1・2……28
しろつめくさの花輪……28
さくらの花輪……32
ちょうちょ……32
やなぎ……33
なのはな……36

夏……40

立夏【りっか】……42
- 初候　蛙始めて鳴く　かえるはじめてなく……43
- 次候　蚯蚓出ずる　みみずいずる……44
- 末候　竹笋生ず　たけのこしょうず……45

小満【しょうまん】……46
- 初候　蚕起きて桑を食う　かいこおきてくわをくう……47
- 次候　紅花栄う　べにばなさかう……48
- 末候　麦秋至る　ばくしゅういたる……49

芒種【ぼうしゅ】……50
- 初候　蟷螂生ず　かまきりしょうず……51
- 次候　腐草蛍と為る　ふそうほたるとなる……52
- 末候　梅子黄なり　うめのみきなり……53

夏至【げし】……54
- 初候　乃東枯る　なつかれくさかれる……55
- 次候　菖蒲華さく　あやめはなさく……56
- 末候　半夏生ず　はんげしょうず……57

小暑【しょうしょ】……58
- 初候　温風至る　おんぷういたる……59
- 次候　蓮始めて開く　はすはじめてひらく……60
- 末候　鷹乃学を習う　たかわざをならう……61

大暑【たいしょ】……62
- 初候　桐始めて花を結ぶ　きりはじめてはなをむすぶ……63
- 次候　土潤いて溽し暑し　つちうるおいてむしあつし……64
- 末候　大雨時行る　たいうときどきふる……65

とまと……41
あさがおの花輪……41
さやえんどう……42
ふじの花輪……44
そらまめ……46
とちの葉……48
すいれんとかえる……49
あじさい・あじさいの葉……50
切り子のグラス1・2……54
きんぎょ1・2……58
ほおずき1……58
ほおずき2・3……59
ゆりの花輪……61
きゅうり……62
すいか1・2……62

秋 …… 66

立秋【りっしゅう】…… 68
- 初候 涼風至る りょうふういたる …… 69
- 次候 寒蝉鳴く ひぐらしなく …… 70
- 末候 蒙霧升降す のうむしょうこうす …… 71

処暑【しょしょ】…… 72
- 初候 綿柎開く わたのはなしべひらく …… 73
- 次候 天地始めて粛し てんちはじめてさむし …… 74
- 末候 禾乃登る こくものみのる …… 75

白露【はくろ】…… 76
- 初候 草露白し くさのつゆしろし …… 77
- 次候 鶺鴒鳴く せきれいなく …… 78
- 末候 玄鳥去る つばめさる …… 79

秋分【しゅうぶん】…… 80
- 初候 雷乃声を収む かみなりこえをおさむ …… 81
- 次候 蟄虫戸を坏す すごもりのむしとをとざす …… 82
- 末候 水始めて涸る みずはじめてかれる …… 83

寒露【かんろ】…… 84
- 初候 鴻雁来る がんきたる …… 85
- 次候 菊花開く きっかひらく …… 86
- 末候 蟋蟀戸に在り きりぎりすとにあり …… 87

霜降【そうこう】…… 88
- 初候 霜始めて降る しもはじめてふる …… 89
- 次候 霎時施す しぐれときどきほどこす …… 90
- 末候 楓蔦黄なり もみじつたきなり …… 91

もみじの花輪 …… 67
なでしこの花輪 …… 68
なす …… 68
お皿 …… 68
へちま …… 72
はぎ …… 76
ききょう …… 76
ひがんばな …… 80
きく …… 84
かき …… 88

冬

冬……92

立冬【りっとう】……94
初候 山茶始めて開く つばきはじめてひらく……95
次候 地始めて凍る ちはじめてこおる……96
末候 金盞香し きんせんこうばし……97

小雪【しょうせつ】……98
初候 虹蔵れて見えず にじかくれてみえず……99
次候 朔風葉を払う さくふうはをはらう……100
末候 橘始めて黄なり たちばなはじめてきなり……101

大雪【たいせつ】……102
初候 閉塞く冬と成る そらさむくふゆとなる……103
次候 熊穴に蟄る くまあなにこもる……104
末候 鱖魚群がる さけむらがる……105

冬至【とうじ】……106
初候 乃東生ず なつかれくさしょうず……107
次候 麋角解つる しかのつのおつる……108
末候 雪下麦を出だす せつかむぎをいだす……109

小寒【しょうかん】……110
初候 芹乃栄う せりさかう……111
次候 水泉動く すいせんうごく……112
末候 雉始めて雊く きじはじめてなく……113

大寒【だいかん】……114
初候 款冬華さく ふきのとうはなさく……115
次候 水沢腹く堅し みずさわあつくかたし……116
末候 鶏始めて乳す にわとりはじめてにゅうす……117

つわぶき……92
こたつ……92
みかん1・2……92
どんぐり……94
お鍋……96
おたま……96
鉄瓶……96
とっくり……96
おちょこ……96
枯れ葉1・2・3……98
雪の便せん……102
かぼちゃ……106
ゆず……106
春の七草……110
つばきの花輪……114
なんてん1・2・3……114

七十二候の切り紙コピーして使える型紙集……118
著者紹介……144
参考文献……144

用意するもの

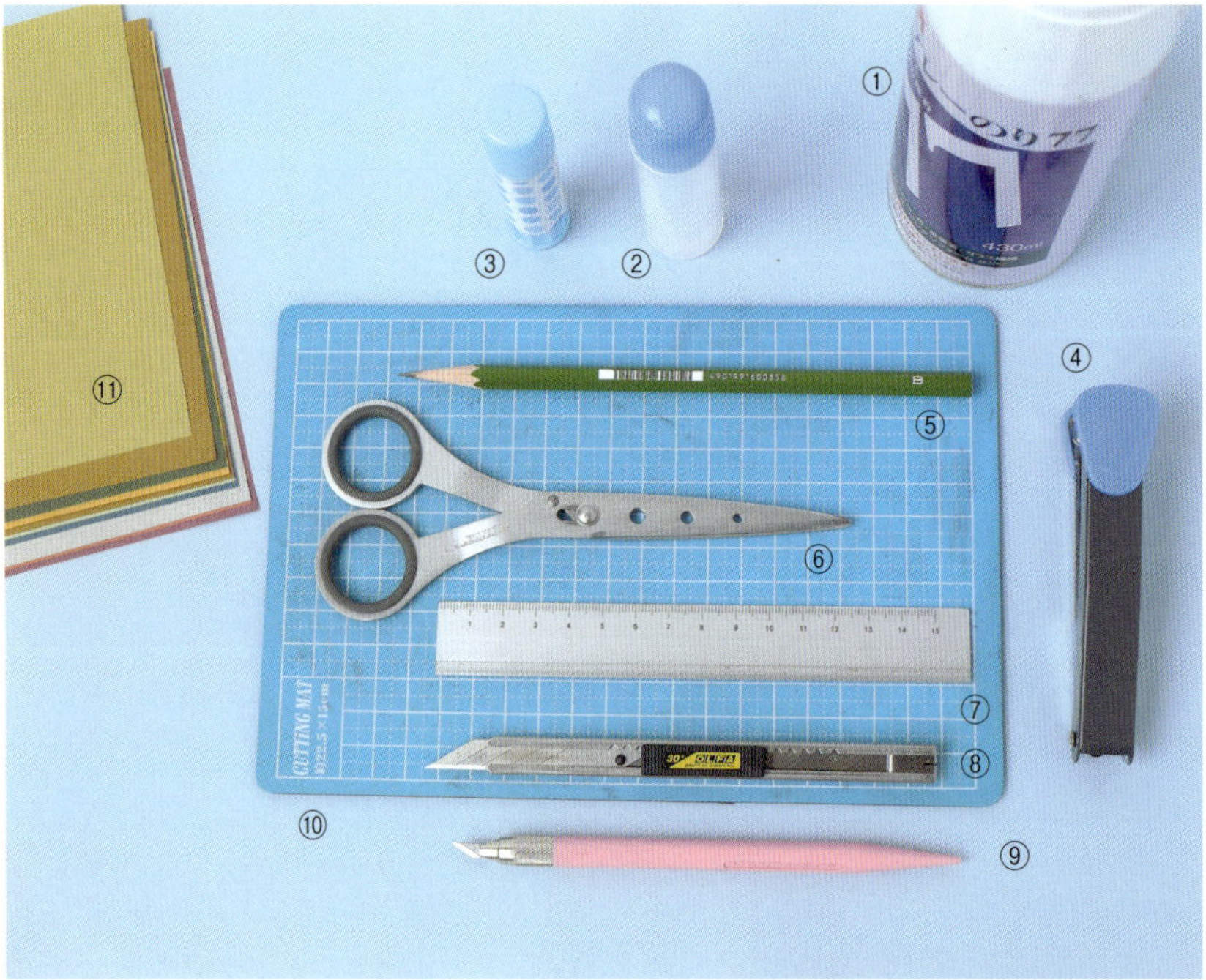

①スプレーのり ②液体のり ③スティックのり ④ホチキス ⑤鉛筆 ⑥はさみ ⑦ものさし ⑧カッターナイフ ⑨デザインナイフ ⑩カッティングボード ⑪和紙折り紙

カッター

普通のカッターナイフとデザインナイフの2種類があると便利です。デザインナイフは細かい切り絵に活躍します。

はさみ

手にあった使いやすいものを用意します。

カッティングボード

カッターを使うときなど下敷きにします。

ホチキス

コピーした型紙を紙にとめるのに使います。

のり

スプレーのり、スティックのり、液体のり切り紙を貼るときに使います。使いやすいのはスプレーのりで、切り紙の20㎝ぐらい上から軽くスプレーして貼ります。液体のりは、切り紙に直接塗らず別に出し、指などでうすくのばして貼ります。

ものさし

小ぶりのものを用意しておくと、直線で切る図案のとき便利です。

えんぴつ

Bぐらいの濃さを用意します。ぽち袋を作るときなど、印をつけるのに使います。

その他

新聞紙
スプレーのりを使うときなどに下敷きにします。

切り方

❶ 型紙をコピーし、はさみで適当な大きさに切ります。

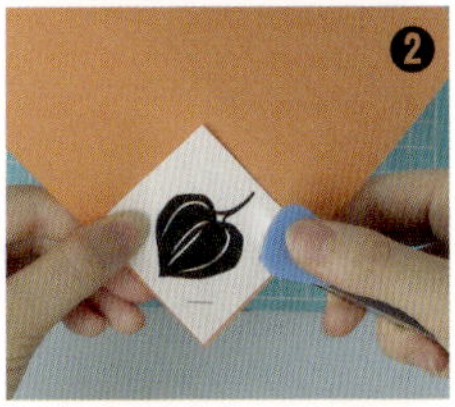
❷ 和紙折り紙を用意し、型紙をのせてホチキスでとめます。

❸ 型紙にあわせ、折り紙を切ります。

❹ カッターを用意し、内側から切り抜きます。

❺ 内側ができあがりました。

❻ 外側をはさみで切ります。細かいところは、カッターで整えます。

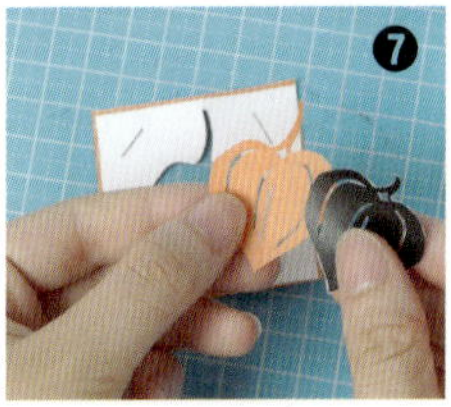
❼ やぶれないように注意して、型紙からはずします。

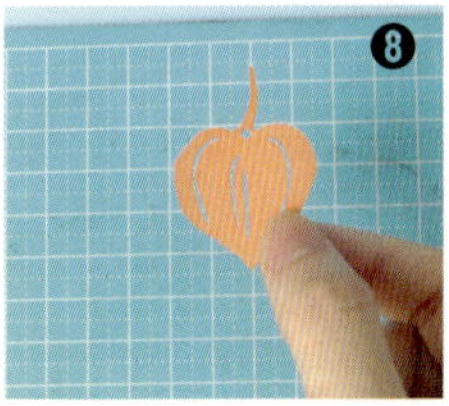
❽ できあがり。

細部はカッターの刃を立てて切ります。紙をこまめに動かして切るのがきれいに仕上げるコツです。

できあがったら、スプレーのりで和紙などにかわいく貼りましょう。

二つ折りの場合

❶ 和紙折り紙を二つ折りにします。

❷ 輪になった側に型紙をのせ、ホチキスでとめます。

❸ はさみで切ります。このとき紙もまわしながら切るようにします。

❹ 開いてできあがり。

和紙折り紙でぽち袋を作りましょう

❶ 15cmの和紙折り紙を用意します。

❷ 左側4・5cm、右側3・5cmのところで折ります。

❸ 開いてから、下から1cmのところを折ります。

❹ 蓋になる上の部分を1・8cm折ります。

❺ 開きます。

❻ 折り目を見当にして、5mm控えて斜めに底と蓋の両端をはさみで切り取ります。

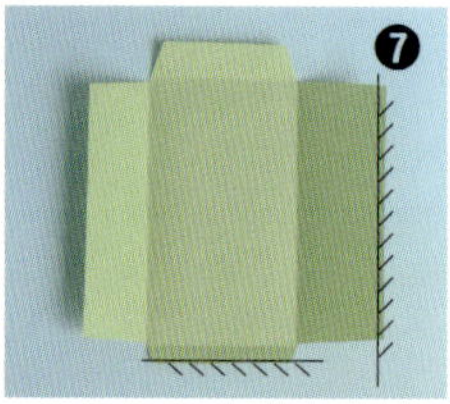

❼ 斜線の部分にのりを付けて貼ります。

❽ しっかりと折って、できあがり。

いろいろな大きさの紙で作ってみましょう。

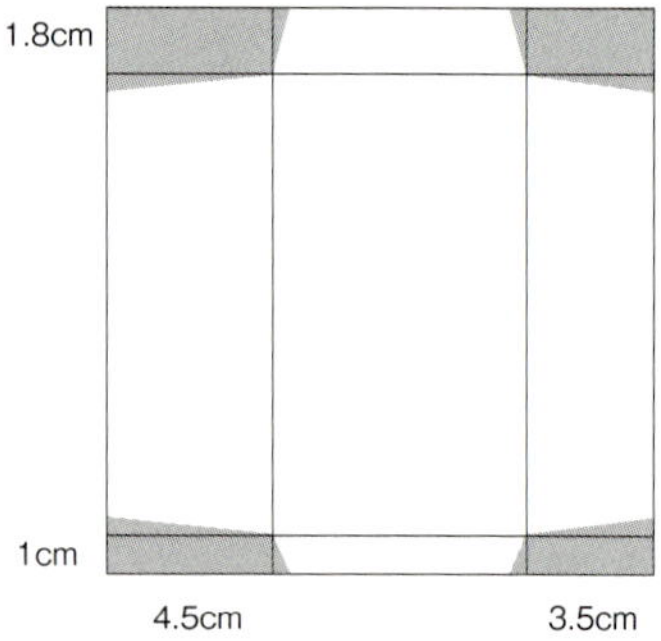

15 cmの折り紙で作るときの目安

消しゴムはんこで落款を押してみましょう

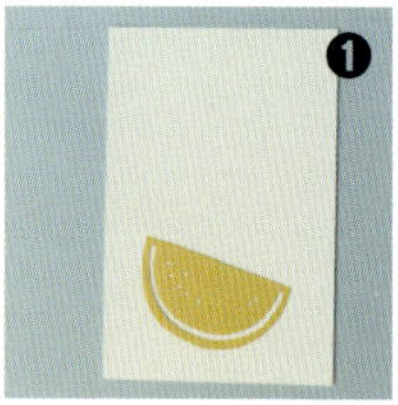

❶ 葉書に切り紙を、スプレーのりなどで貼ります。

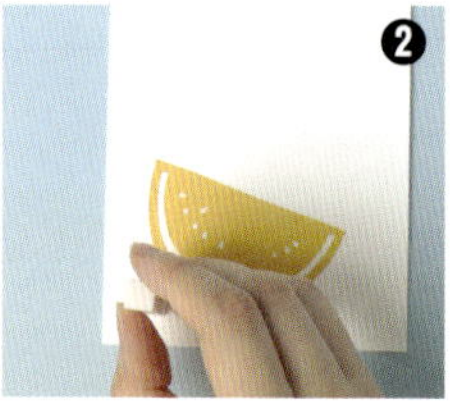

❷ 消しゴムに頭文字などを彫り、はんこを作って押します。

❸ 一文字押すだけで、形が決まるところが落款の魅力。押す位置でいろいろな表情に。

紙のはなし

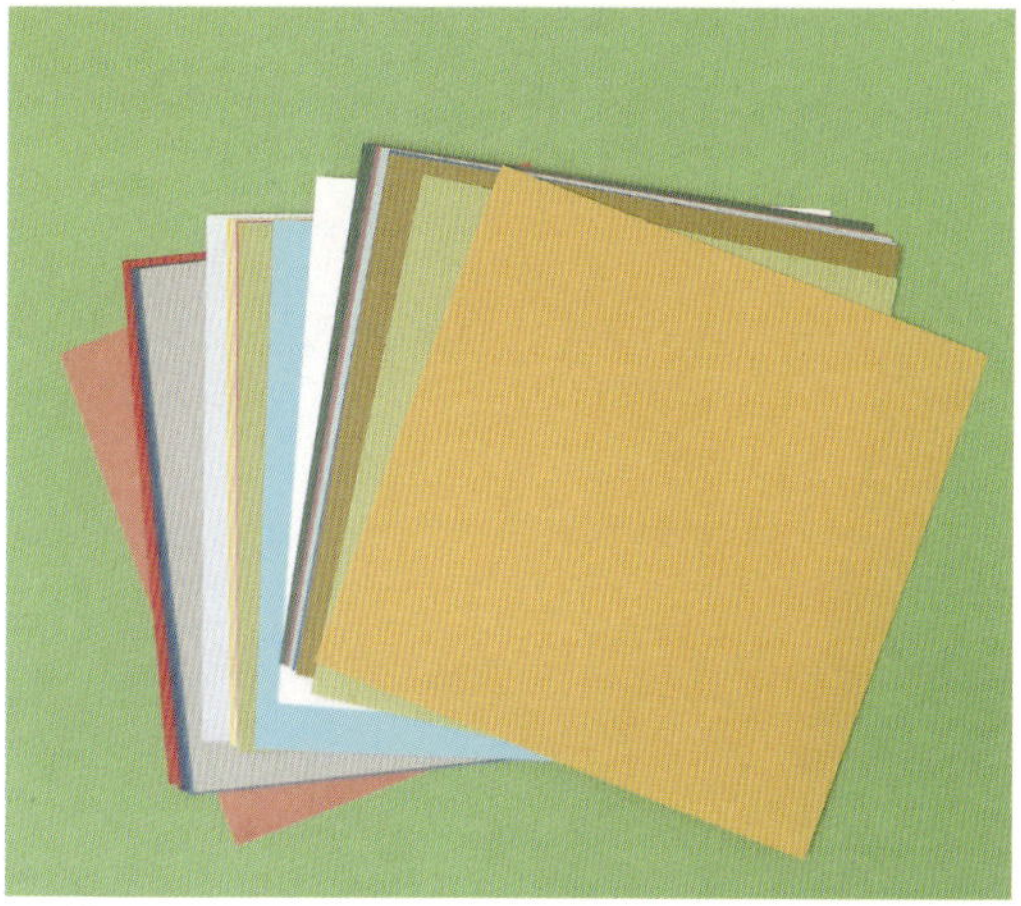

和紙折り紙

紙は和紙折り紙を用意します。和紙折り紙は色も豊富で、厚さや素材感などいろいろなものがありますが、細かい切り絵を楽しむには、薄手のものが扱いやすいでしょう。大きさは10cm角と15cm角のものが一般的ですが、専門店などでは大きな寸法のものも手に入ります。その他書道用の半紙や、千代紙も用意しておくと違った表情が楽しめます。

いろいろな素材の和紙

千代紙

さくらの花びら
【型紙は118ページ】

ねこやなぎ、わらび、ぜんまい。春を呼ぶ、早春のちいさな切り紙を窓に貼って。

ねこやなぎ
【型紙は119ページ】

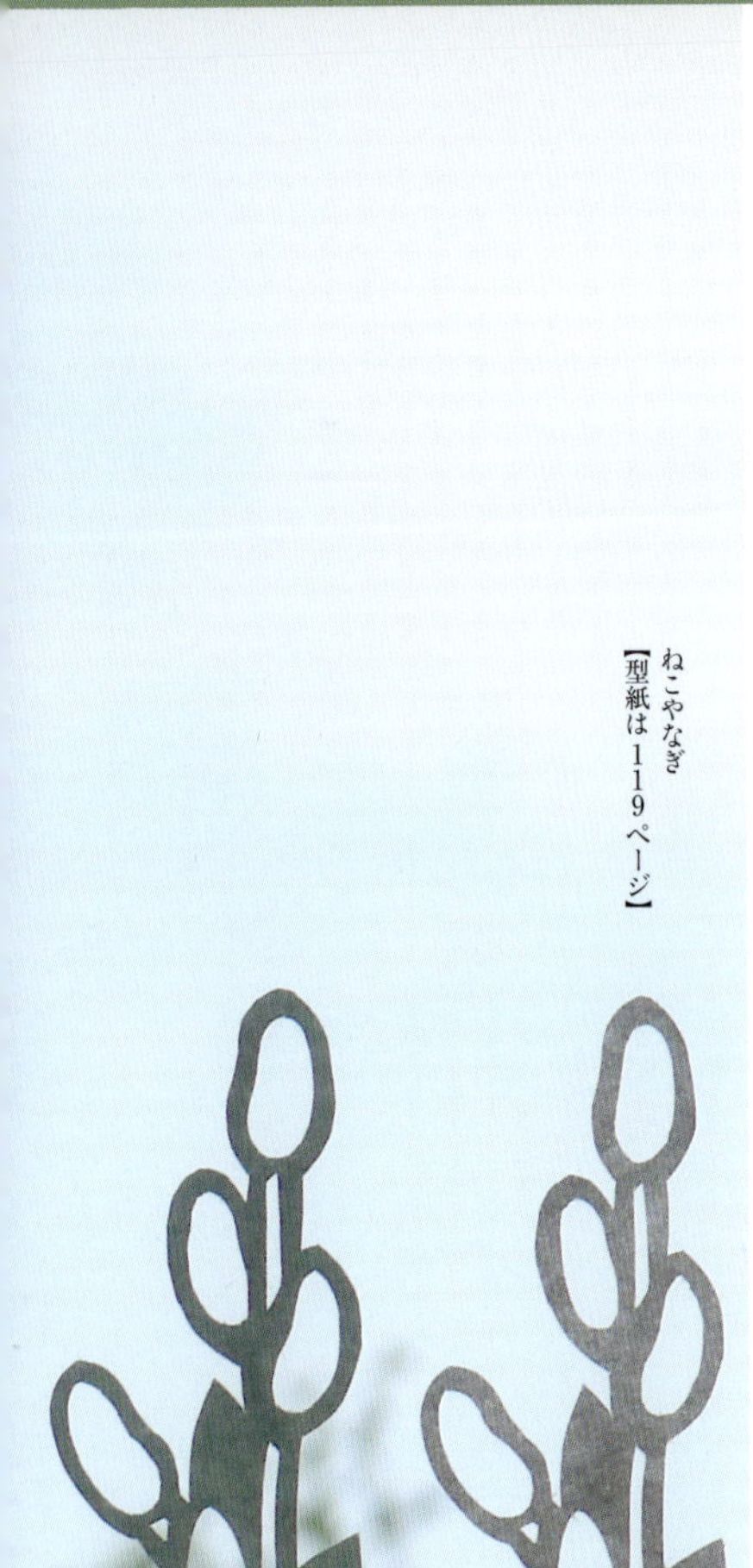

はる
春

草木が芽吹き、花が開き、鳥がさえずり、自然がやさしく目覚める春。うららかな光に喜びがあふれています。

うぐいす
【型紙は118ページ】

ぜんまい
【型紙は119ページ】

わらび
【型紙は120ページ】

春

立春

【りっしゅん】

冷たい冬の日射しにやわらかな春の兆しが感じられるようになり、ねこやなぎの穂がふっくらとふくらみ始めます。春一番が吹くと、一気に春の気配に。

ふっくら芽吹いたねこやなぎを、
早春のしおりに。

二十四節気

ねこやなぎ
【型紙は119ページ】

春

立春

【りっしゅん】

初候

東風凍を解く

とうふうこおりをとく

新暦

二月四日～八日頃

【型紙は118ページ】

暖かい東風が吹き、冬の間に小川や池に厚く張った氷が溶け出します。東風とは春の兆しを運ぶ春風のことで、「こち」とも読みます。

春

立春

【りっしゅん】

次候

黄鶯睍睆く

新暦

二月九日~十三日頃

春の訪れを告げる鶯が、山里で鳴き始める時期です。山から平野へと下りてきて、美しい鳴き声を聞かせてくれるのは、雄の鶯。

うぐいすなく

【型紙は118ページ】

うぐいす
【型紙は118ページ】

春

立春

【りっしゅん】

末候

魚氷に上る

うおこおりにあがる

新暦

二月十四日〜十八日頃

暖かくなって川や湖の水がぬるみ、氷が割れて魚が勢いよく跳ね上がります。すぐそこまで来ている春の喜びが伝わってくる情景。

【型紙は118ページ】

フナ

春

雨水

【うすい】

降る雪が雨へと変わり、氷が溶け出します。地面からは、わらびやぜんまいが顔を出し、冬眠していた動物たちもそろそろ目を覚まします。

二十四節気

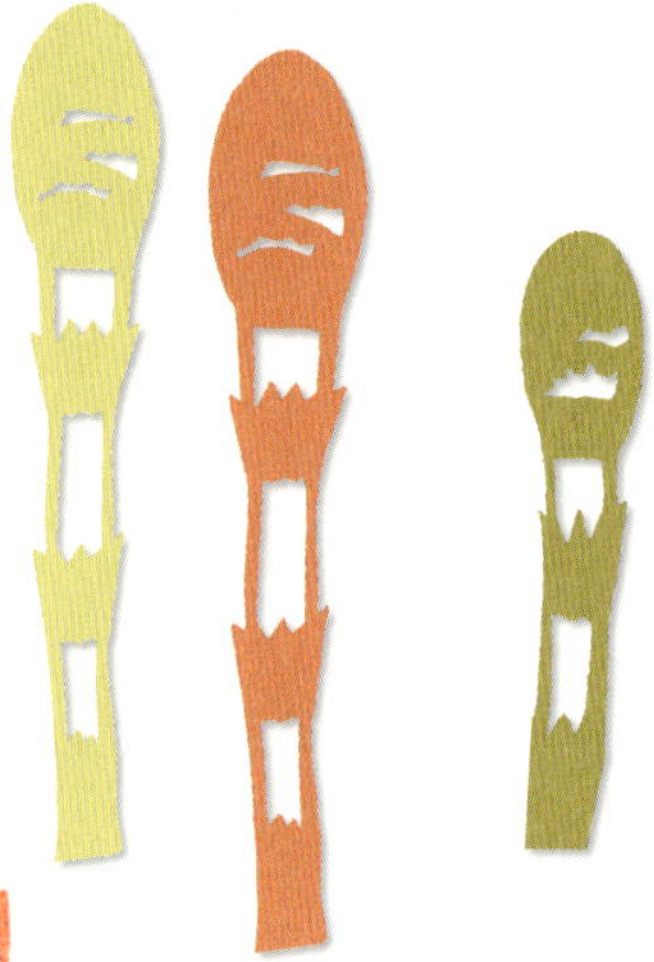

つくし1·2
【型紙は119ページ】

ぜんまい
【型紙は119ページ】

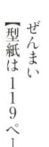

春

雨水【うすい】

新暦 二月十九日～二十三日頃

初候

土脈潤い起こる

どみゃくうるおいおこる

【型紙は119ページ】

春の優しい雨が降り、土をしっとり潤すと木々のつぼみも一気にふくらみます。この時期は昔から農耕の準備を始める目安でした。

春

雨水

【うすい】

次候

霞始めて靆く

新暦

二月二十四日～二十八日頃

【型紙は119ページ】

春になると水蒸気が山野にたちこめ、遠景がぼんやりと霞んで見えることがあります。春霞と呼ばれ、ほのかな景色は着物のすそ文様などにも取り入れられてきました。

かすみはじめてたなびく

春

雨水【うすい】

末候

草木萌え動く

そうもくもえうごく

新暦　三月一日～四日頃

日増しにやわらぐ春の日射しに、いっせいに草木が芽吹き始めます。ふとした瞬間にも、新しい命の息吹を感じる希望の季節。

【型紙は119ページ】

春

二十四節気

啓蟄

【けいちつ】

一雨ごとに春めく陽気に誘われ、土の中でじっとしていた虫たちが動き出します。山菜摘みも楽しい時期。

わらび
【型紙は120ページ】

じんちょうげ
【型紙は120ページ】

すみれ
【型紙は120ページ】

葉の上に白とピンクの花を少しずらして重ねます。ピンクの花は透ける和紙を使うと、じんちょうげの微妙な色あいが楽しめます。

春

啓蟄

【けいちつ】

初候

蟄虫戸を啓く

すごもりのむしとをひらく

新暦

三月五日～九日頃

【型紙は１２０ページ】

寒い冬の間縮こまっていた虫たちが、もぞもぞと姿を現し始めます。虫たちだけでなく、すべての生き物が明るい戸外に出たくなる季節。

春

啓蟄

【けいちつ】

新暦

三月十日～十四日頃

次候

桃始めて笑う

桃のつぼみが開き、ようやく花が咲き始めます。花が開くことを「笑う」というところが、なんとも絶妙。新暦では三月三日が雛祭りですが、桃の節句と呼ぶにはちょっと早いようです。

【型紙は１２０ページ】

ももはじめてわらう

春

啓蟄

【けいちつ】

末候

菜虫蝶と化す

なむしちょうとかす

新暦

三月十五日～十九日頃

【型紙は120ページ】

菜虫とは紋白蝶のこと。冬を過ごしたさなぎが青虫になり蝶に生まれ変わって羽を広げる瞬間は、春の日を飾る美しい一場面です。

春

春分

二十四節気

【しゅんぶん】

昼と夜が同じ長さになる春分は、二十四節気の大きな節目のひとつ。「暑さ寒さも彼岸まで」といわれるように、お彼岸を境にだんだん過ごしやすい季節へと向かいます。

落水紙など
繊維の長い和紙を
ちぎって、綿毛に。

たんぽぽ1
【型紙は121ページ】

しろつめくさの花輪
【型紙は142ページ】

たんぽぽ2
【型紙は121ページ】

春

春分

【しゅんぶん】

初候

雀始めて巣くう

すずめはじめてすくう

新暦

三月二十日～二十四日頃

【型紙は121ページ】

小さなくちばしに枯れ草や枝をくわえて、雀が巣作りを始める頃。人家のそばで暮らす雀は身近な鳥でしたが、年々街中で見かけることが少なくなってきた気がします。

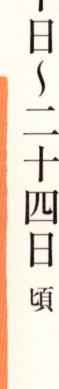

春

春分

【しゅんぶん】

新暦 三月二十五日～二十九日頃

次候

桜始めて開く

春雨にふくらんだつぼみが、暖かな日射しを受けてようやく開きます。桜の開花は日本中が待ちわびた春の便り。

お便りを開くと、ひらりとさくらの花びらが散ります。こんな遊びも春ならでは。和紙を丸めてたたんで切ると、一度にたくさんの花びらができあがります。

さくらの花びら
【型紙は118ページ】

さくらはじめてひらく

【型紙は121ページ】

春

春分【しゅんぶん】

末候

雷乃声を発す

かみなりこえをはっす

新暦

三月三十日～四月三日頃

冬の間は鳴りをひそめていた雷が、遠くの空で鳴り始める頃。春の始めに鳴る雷は春雷と呼ばれ、すぐ止む短い音が特徴。恵の雨を降らせる兆しとして喜ばれる反面、雹を降らせて作物に被害を与えることも。

【型紙は121ページ】

春

清明

二十四節気

【せいめい】

若葉が萌え、花が開き、空が明るく輝いて、すべてのものが生き生きする季節。

透ける和紙を使うと、やさしい風合いが楽しめます。

ちょうちょ
【型紙は１２２ページ】

さくらの花輪
【型紙は１４２ページ】

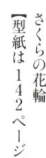

春

清明

【せいめい】

新暦

四月四日〜八日頃

初候

玄鳥至る

つばめきたる

海を渡って、つばめが南の国からやってきます。冬を南国で過ごしたつばめの飛来は本格的な春の訪れを告げるうれしい便り。「つばめが軒下に巣をかけると、家に幸せが訪れる」という言い伝えも。

【型紙は122ページ】

やなぎ
【型紙は122ページ】

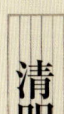

春

清明

【せいめい】

次候

鴻雁北へかえる

がんきたへかえる

新暦
四月九日～十三日頃

冬を過ごした雁が北国へ帰っていく頃。つばめと入れ替わりに北国へ渡る雁は冬鳥とも呼ばれ、連なって飛ぶ姿はたくさんの詩歌に詠まれています。

【型紙は122ページ】

春

清明

【せいめい】

末候

虹始めて見る

新暦

四月十四日〜十九日頃

にじはじめてあらわる

雨上がりにかかった虹を見ることができるのもこの頃から。春の虹は夏の夕立の後のくっきりした虹とは違うほのかな印象です。

【型紙は122ページ】

春

穀雨

二十四節気

【こくう】

穀物に実りをもたらす雨が降る頃。菜の花が咲く頃に降る雨は菜種梅雨と呼ばれ、作物にとって欠かせない恵の雨。

いろいろな色の和紙で切って、葉書や便せんに貼ってみましょう。色をずらして貼るとまた違った雰囲気に。

なのはな
【型紙は123ページ】

春

穀雨【こくう】

初候

葭始めて生ず

あしはじめてしょうず

新暦 四月二十日〜二十四日頃

【型紙は123ページ】

冬の間すっかり枯れていた水辺の葦。よく見ると若芽を出し始めているのに気がつきます。水辺だけでなく山や野にも芽吹きの季節がやってきています。

春

穀雨【こくう】

新暦 四月二十五日〜二十九日頃

次候

霜止んで苗出ず

この時期になると霜も降りなくなり、稲の苗がすくすくと育ち始めます。そろそろ始まる田植えに備えて、農家では忙しい日々が始まります。

【型紙は123ページ】

しもやんでなえいず

タニシ

春

穀雨

【こくう】

末候

牡丹華さく

新暦

四月三十日〜五月四日頃

ぼたんはなさく

あでやかな牡丹の花が開花する頃。花の王様といわれ古今から人気を誇った牡丹の花が咲くと、春もたけなわです。

【型紙は123ページ】

力強い太陽がまぶしい季節。朝顔、スイカ、花火、夕涼み。夏ならではの楽しみが待っています。

蛙始めて鳴く
【型紙は124ページ】

夏《なつ》

とまと
【型紙は124ページ】

あさがおの花輪
【型紙は142ページ】

夏

立夏

二十四節気

さやえんどうのぽち袋で、
旬をお届け。

【りっか】

春も終わりを告げて、しだいに夏めいてきます。新緑とさわやかな風、五月晴れが心地よい季節です。

さやえんどう
【型紙は124ページ】

好きな和紙折り紙を重ねて折り、色あわせを楽しんでみましょう。

夏

立夏

【りっか】

初候

蛙始めて鳴く

かえるはじめてなく

新暦 五月五日～九日頃

朝夕のひんやりした空気にさわやかな風が感じられるようになると、野原や田んぼから、蛙の鳴き声が聞こえ始めます。夏の匂いにさそわれて、畦からぴょんと飛び出す姿を見かけることも。

【型紙は124ページ】

ホトトギス

夏

立夏

【りっか】

次候

蚯蚓出ずる

みみずいずる

新暦　五月十日〜十四日頃

土の中で冬眠していたミミズが地上に這い出してくる頃。庭の草むしりをしていて、ミミズに出くわすのもこの時期です。

ふじの花輪【型紙は142ページ】

【型紙は124ページ】

ご無沙汰していた友人に、久しぶりのごあいさつ。七十二候ならではの、かわいいサプライズはいかが？

夏

立夏

【りっか】

末候

竹笋生ず

たけのこしょうず

新暦

五月十五日～二十日頃

【型紙は124ページ】

たけのこが生える頃。早くは三月頃から食卓に届き、六月頃まで楽しめますが、とれたてを味わうのが一番。

夏

小満

二十四節気

【しょうまん】

小満とはすべての成長が著しい時期という意味。自然のものが少しずつ、満ちてくるという喜びが込められています。

千代紙の柄がかわいいそらまめ。たくさん切っていろんな表情を楽しみましょう。

そらまめ
【型紙は124ページ】

そらまめ【型紙は124ページ】

お皿【型紙は130ページ】

かいこおきてくわをくう

【型紙は125ページ】

オカイコサマとも呼ばれ、貴重な絹糸をとる蚕が、桑の葉をたくさん食べて育つ頃。一月ぐらい後には小さな体の周りに白い糸を吐き、繭をつくります。

夏

小満【しょうまん】

新暦

五月二十一日〜二十五日頃

初候

蚕起きて桑を食う

夏

小満

【しょうまん】

次候

紅花栄う

新暦

五月二十六日～三十日頃

紅花が畑一面に咲く頃。紅花は万葉の頃から染料として栽培されていました。黄色い花を咲かせますが、染めると紅色に。

【型紙は125ページ】

べにばなさかう

とちの葉

【型紙は125ページ】

夏

小満【しょうまん】

末候

麦秋至る

新暦

五月三十一日～六月四日頃

ばくしゅういたる

すいれんとかえる
【型紙は125ページ】

【型紙は125ページ】

麦の穂が熟して、そろそろ収穫の時期に。季節は初夏ですが、麦にとっては実りの秋ということで麦秋と呼ばれます。

夏

芒種

二十四節気

【ぼうしゅ】

稲など穂の先にトゲ状の芒（のぎ）を持つ作物の種をまく頃。梅雨の気配とともに、あじさいが色づき、田植えの時期がやってきます。

ぼかしの入れ方

① 和紙を用意します。
② 筆を2本用意します。
③ 筆に水をつけ、軽く紙をしめらせます。
④ 乾燥する前に別の筆に薄めの絵の具をつけ、好みのぼかしを入れます。

好きなぼかしを入れて、色のうつろいを楽しみましょう。

あじさい【型紙は126ページ】

あじさいの葉【型紙は126ページ】

夏

芒種

【ぼうしゅ】

初候

蟷螂生ず

かまきりしょうず

新暦 六月五日～九日頃

冬を越したカマキリの卵から、一斉にカマキリの子が生まれる頃。害虫を食べてくれるカマキリは、花や農作物にとってありがたい生き物。

【型紙は126ページ】

夏

芒種

【ぼうしゅ】

次候

腐草蛍と為る

新暦 六月十日～十五日頃

きれいな水辺が少なくなり、都会で蛍を見かけることはなくなりましたが、蛍が草むらで飛び交う頃。腐った草が蛍に生まれ変わるという言い伝えから、この言葉が生まれたようです。

【型紙は126ページ】

ふそうほたるとなる

夏

芒種【ぼうしゅ】

末候

梅子黄なり

うめのみきなり

新暦 六月十六日～二十日頃

【型紙は126ページ】

梅の実が熟して黄色く色づき始めると、梅雨の季節に。梅の実が熟する頃なので梅雨入りは入梅とも呼ばれます。

夏

夏至

【げし】

一年で一番昼が長く、夜が短い一日。この頃を境に暑さは日に日に増していきます。

二十四節気

切り紙の切り子も、涼しげ。

切り子のグラス1・2
【型紙は127ページ】

夏

夏至【げし】

初候

乃東枯る

なつかれくさかれる

新暦 六月二十一日～二十五日頃

【型紙は127ページ】

なつかれくさとは、紫色の花が花穂にたくさん咲く「うつぼぐさ」のこと。花の形が矢を入れる靫（うつぼ）に似ていることから名づけられました。この頃に、花穂が黒ずみ枯れたように見えます。

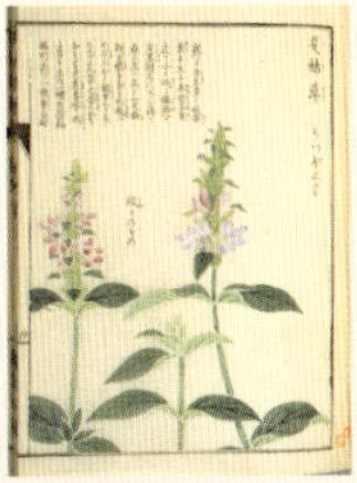

夏

夏至

【げし】

新暦 六月二十六日～三十日頃

次候

菖蒲華さく

初夏を代表するあやめの花が咲き始めます。「いずれあやめかかきつばた」というように、花しょうぶやかきつばたと似ていますが、花びらの付け根の編み目模様で見分けます。

あやめはなさく

【型紙は127ページ】

夏

夏至【げし】

新暦

七月一日〜六日頃

末候

半夏生ず

はんげしょうず

【型紙は127ページ】

梅雨入りして蒸し暑い日が続く頃、半夏生のハート形の葉が白く変わっていることに気づきます。葉の下半分が白いことから「半化粧」とも呼ばれます。

ドジョウ

夏

小暑

二十四節気

【しょうしょ】

じめじめと鬱陶しかった梅雨が明けると、いよいよ本格的な夏。日射しの強さも勢いが増し、そろそろ暑中見舞いの時期に。

きんぎょ2
【型紙は128ページ】

きんぎょ1
【型紙は128ページ】

ほおずき1
【型紙は128ページ】

夏

小暑【しょうしょ】

初候

温風至る

おんぷういたる

新暦 七月七日～十一日頃

【型紙は128ページ】

ほおずき2
【型紙は128ページ】

ほおずき3
【型紙は128ページ】

窓から吹き込む風に、時折夏の熱気が感じられるようになる頃。風鈴の涼しげな音や、ほおずき市で一足早く涼を楽しみましょう。

夏

小暑

【しょうしょ】

次候

蓮始めて開く

新暦

七月十二日～十六日頃

【型紙は128ページ】

池で夜明けとともに蓮が花を咲かせる頃。江戸時代には桜のお花見と並んで、蓮見の宴が開かれたとか。

はすはじめてひらく

夏

小暑【しょうしょ】

末候

鷹乃学を習う

新暦
七月十七日～二十一日頃

たかわざをならう

鷹のひなが成長して、巣立つための飛び方を覚える頃。獲物を捕まえられるようになればもう一人前。

【型紙は128ページ】

ゆりの花輪
【型紙は127ページ】

夏

大暑

二十四節気

【たいしょ】

梅雨が明けると、一年中で一番暑い季節の到来です。朝顔市や花火大会などもこの時期ならでは。真夏の太陽を浴びて、夏野菜や果物がみずみずしく育ちます。

きゅうり
【型紙は129ページ】

すいか2
【型紙は129ページ】

すいか1
【型紙は129ページ】

夏

大暑【たいしょ】

初候

桐始めて花を結ぶ

きりはじめてはなをむすぶ

新暦 七月二十二日〜二十七日頃

【型紙は129ページ】

初夏にたくさん咲いたうす紫の桐の花が、卵形の実を結びます。桐は湿気を通さないことから箪笥などに加工され、日本人の暮らしに役立ってきました。

夏

大暑

【たいしょ】

次候

土潤いて溽し暑し

新暦 七月二十八日～八月一日頃

ウナギ

日本の夏の特徴ともいえる、蒸し暑さが一番ピークになる頃。浴衣にうちわ、スイカや氷水で涼しさを演出したいもの。

【型紙は129ページ】

つちうるおいてむしあつし

夏

大暑

【たいしょ】

末候

大雨時行る

たいうときどきふる

新暦 八月二日〜六日頃

【型紙は129ページ】

入道雲がむくむくとそら高く現れ、土砂降りの夕立が増える頃。矢のような雨に、雷がごろごろと大地に強い音を響かせます。

秋空、お月見、紅葉。うつろいゆく時間を一番感じさせる季節です。

あき
秋

かき
【型紙は135ページ】

もみじの花輪
【型紙は143ページ】

秋

立秋

二十四節気

なでしこの花輪
【型紙は143ページ】

【りっしゅう】

日が少しずつ短くなり、朝夕の風に涼しさが感じられると、残暑の中に秋が一歩近づいたしるしです。

なす
【型紙は130ページ】

お皿
【型紙は130ページ】

秋

立秋【りっしゅう】

初候

涼風至る

新暦 八月七日〜十一日頃

りょうふういたる

【型紙は130ページ】

ひんやりとした風が素肌に心地よい頃。昼間はまだまだ暑くても、すぐそこまで秋の気配はやって来ています。

秋

立秋 【りっしゅう】 次候

寒蝉鳴く

新暦 八月十二日〜十六日頃

ひぐらしなく

【型紙は130ページ】

カナカナカナとひぐらしが鳴き始めると、そろそろ夏も終わり。移りゆく季節を思わせる、ちょっと物悲しい響きです。

山すそや水辺に、幻想的な深い霧がたちこめる頃。春の霞に対して霧は秋の季語。

のうむしょうこうす

【型紙は130ページ】

新暦

八月十七日～二十二日頃

末候

秋

立秋【りっしゅう】

蒙霧升降す

秋

処暑

二十四節気

【しょしょ】

夏の暑さがやわらいで、朝夕の空気に涼しさを感じ始めます。暑さもピークを過ぎ、台風シーズンの到来。

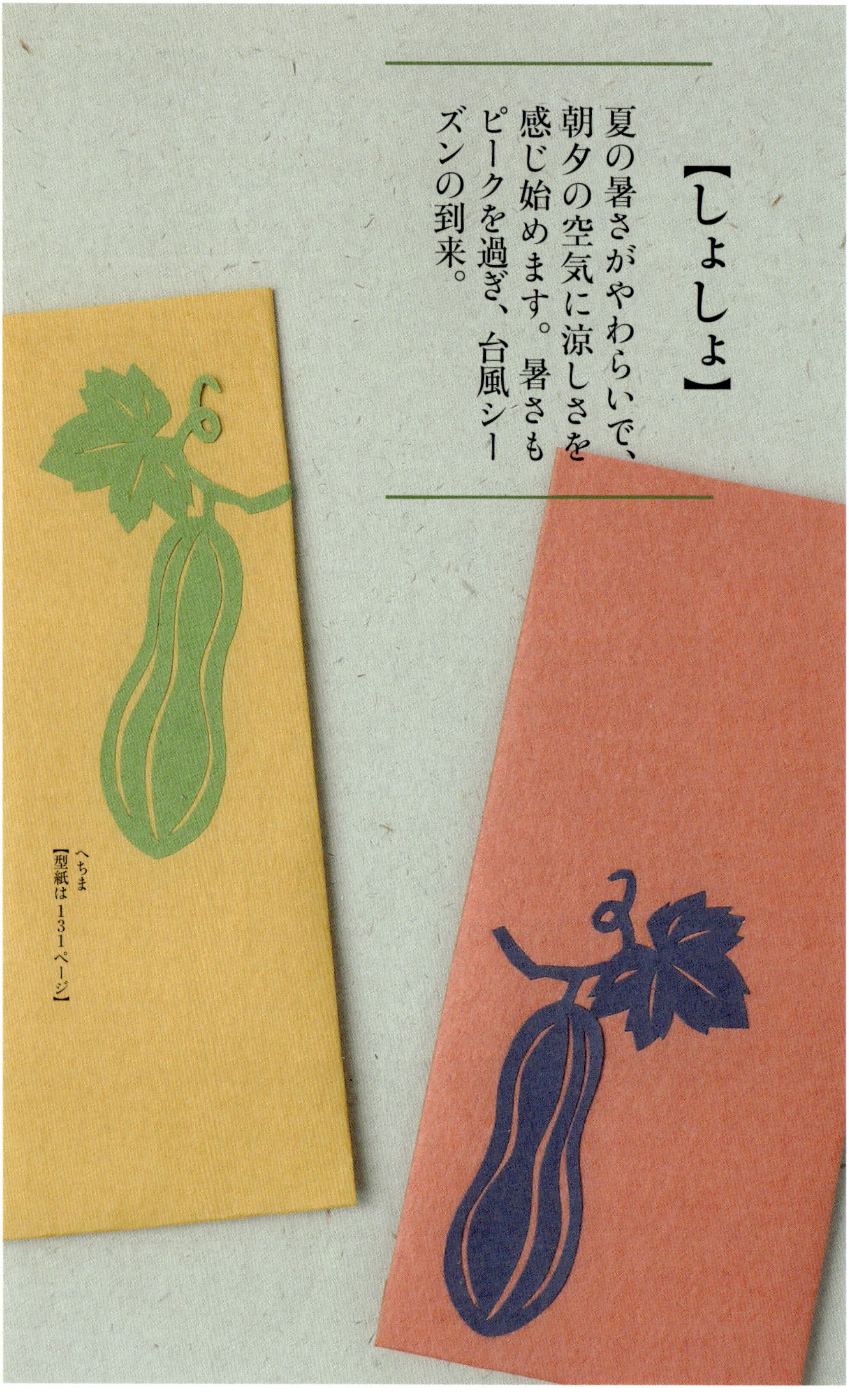

へちま
【型紙は131ページ】

わたのはなしべひらく

夏に花を咲かせた綿の木が実をつけ、顎がはじける頃。中からら現れる白くふわふわの綿毛をほぐして糸を紡ぎ、木綿の糸や布を作ります。

【型紙は131ページ】

新暦

八月二十三日〜二十七日頃

初候

綿柎開く

処暑

【しょしょ】

秋

秋

処暑

【しょしょ】

次候

天地始めて粛し

新暦

八月二十八日〜九月一日頃

立春から数えて二百十日を迎え、暑さがやっと収まり始めます。ときおり木立に吹く風にも、秋の気配が感じられます。

【型紙は131ページ】

てんちはじめてさむし

秋

処暑【しょしょ】

末候

禾乃登る

こくものみのる

新暦 九月二日〜六日頃

実りの秋の切り紙を掛紙にして、気持ちを伝えましょう。

【型紙は131ページ】

田んぼの稲穂が実り、黄金色の穂を垂らす実りの秋。刈り入れを控え、豊作を願う風塵祭りが各地で行われます。

秋

白露

二十四節気

【はくろ】

朝夕の空気が冷えて草木に露を結ぶ頃。白く光る露に、昔の人は本格的な秋の訪れを感じました。

秋の七草のはぎとききょうをかわいく切って。

はぎ【型紙は132ページ】

ききょう【型紙は132ページ】

小さなノートに貼って、かわいいワンポイントに。

秋

白露

【はくろ】

初候

草露白し

くさのつゆしろし

新暦

九月七日～十一日頃

【型紙は132ページ】

早朝、草木に小さな露が降りているのに気づく頃。露が白く光って見えるのは、夜の間に気温が下がり、大気中の水蒸気が冷やされるため。夏から秋へと季節ははっきり変わっていきます。

秋

白露

【はくろ】

次候

鶺鴒鳴く

新暦 九月十二日〜十六日頃

せきれいなく

【型紙は132ページ】

チチチチと鶺鴒が鳴き始める頃。尾を上下に振り、地面をたたくようにして歩く仕草から石たたきとも呼ばれ、古くは古事記にも登場します。

秋

白露

【はくろ】

末候

玄鳥去る

新暦

九月十七日〜二十一日頃

つばめさる

【型紙は132ページ】

春先にやってきたつばめが子育てを終え、また南へと帰っていきます。来年の春までしばしのお別れ。冬を越す東南アジアやオーストラリアまで、一日三百キロ以上飛ぶこともあるとか。

秋

秋分

二十四節気

ひがんばな
【型紙は133ページ】

【しゅうぶん】

春分と同じく、昼夜の長さが同じになる日。この日からだんだん夜が長くなり、秋も深まっていきます。真っ赤な彼岸花が咲く時期。

秋

秋分

【しゅうぶん】

初候

雷乃声を収む

かみなりこえをおさむ

新暦

九月二十二日〜二十七日頃

【型紙は133ページ】

空の気配が、入道雲から鱗雲へとかわっていきます。秋らしい空が晴れ渡ると夕立もすっかり収まり、雷さまも一休み。

秋

秋分

【しゅうぶん】次候

新暦
九月二十八日〜十月二日頃

蟄虫戸を坏す

虫たちが早くも冬ごもりの支度を始める頃。土にもぐることを戸をふさぐというところなど、自然界の小さな生き物たちへの、暖かいまなざしを感じさせます。

【型紙は133ページ】

すごもりのむしとをとざす

秋

秋分

【しゅうぶん】

末候

水始めて涸る

みずはじめてかれる

新暦 十月三日～七日頃

和紙を束ねてメモ帳に。
表紙には切り紙を貼って。

秋風にたわわに実った稲穂がそよぎ、いよいよ収穫の秋の到来です。田では水田に張られていた水を抜き、稲刈りの準備にとりかかります。

【型紙は133ページ】

秋

寒露

二十四節気

【かんろ】

空気が澄み、露がひんやり冷たく感じられてくる頃。秋も深まり、月明かりがこうこうと冴え渡ります。

二つ折りで、好きな色の菊をたくさん切ってみましょう。

きく

【型紙は134ページ】

秋

寒露【かんろ】

初候

鴻雁来る

新暦 十月八日～十二日頃

がんきたる

【型紙は134ページ】

つばめが南に去ったあと、雁が北から渡ってきます。きちんと隊列を組んだ雁の群れが、ひたむきに北の海を飛んで来る姿は、日本人の心をとらえる光景です。

秋

寒露

【かんろ】

次候

菊花開く

新暦

十月十三日〜十七日頃

菊の花が開き始める時期を迎えます。旧暦の九月九日は重陽の節句。「菊の節句」ともいい、平安時代の宮中では菊花酒を飲む習わしがありました。

きっかひらく

【型紙は134ページ】

秋

寒露

【かんろ】

末候

蟋蟀戸に在り

新暦

十月十八日〜二十二日頃

【型紙は134ページ】

きりぎりすとにあり

きりぎりすが戸口で鳴く頃。「蟋蟀」はきりぎりすか、こおろぎか定かではないようですが、夕暮れから聞こえる虫の声に、日暮れが早くなったことを知らされます。

秋

霜降

二十四節気

【そうこう】

朝夕の冷え込みが感じられるようになると、そろそろ霜が降りる頃。山から平野へと秋は一段と深まっていきます。

かき
【型紙は135ページ】

秋

霜降

【そうこう】

初候

霜始めて降る

しもはじめてふる

新暦

十月二十三日～二十七日頃

【型紙は135ページ】

霜がはじめて降りる頃。空気が乾燥してぐんと冷え込んだ早朝に、植物の葉や地面に白い結晶を見かけます。いつもよりも早く霜が降りる早霜は、農作物にとっては大敵。

秋

霜降【そうこう】

次候

霎時施す

新暦 十月二十八日～十一月一日頃

急に強い雨が降り、あっという間に止んでしまう時雨が降る頃。晩秋から初冬にかけての、どこかもの悲しい空模様は、そろそろ冬支度の合図のよう。

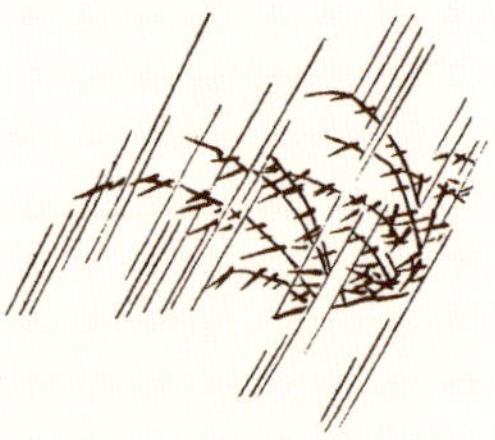

しぐれときどきほどこす

【型紙は135ページ】

秋

霜降【そうこう】

末候

楓蔦黄なり

もみじつたきなり

新暦 十一月二日～六日頃

【型紙は135ページ】

紅葉や蔦が色づき始め、さらに秋は深まっていきます。紅葉の見頃は葉が色づき始めてから一月ぐらい後。今年はどんな色の便りが届くのでしょうか。

寒い冬の夜は、
暖かな部屋で
切り紙遊び。

つわぶき
【型紙は143ページ】

こたつ
【型紙は135ページ】

みかん1・2
【型紙は135ページ】

冬《ふゆ》

一面の銀世界に冬木立。生き物たちが冬ごもりする、静かな季節。

ゆず
【型紙は139ページ】

冬

立冬

二十四節気

【りっとう】

木々の葉が落ち、冬木立に冷たい風が吹きはじめます。山里ではそろそろこたつが恋しくなる頃。

どんぐりのぽち袋で、お気に入りのものをおすそわけ。

千代紙で切った実と、笠の色を組み合わせてカラフルなどんぐりに。

どんぐり
【型紙は130ページ】

冬

立冬【りっとう】

初候

山茶始めて開く

つばきはじめてひらく

新暦 十一月七日～十一日頃

【型紙は136ページ】

「つばき」というのは、冬の初めに咲く山茶花（さざんか）のこと。花の形はよく似ていますが、つばきの花がぽとりと落ちて散るのに対し、山茶花は花びらが一枚一枚散っていきます。

冬

立冬【りっとう】

次候

地始めて凍る

新暦 十一月十二日〜十六日頃

地面が凍り始める頃。夜間の冷え込みも厳しくなり、大地は固く凍てつくようになってきます。冬がやってきたことが、日々肌で感じられるようになる時期。

ちはじめてこおる

【型紙は136ページ】

お鍋・おたま・鉄瓶・とっくり・おちょこ【型紙は136ページ】

冬

立冬【りっとう】

末候

金盞香し

きんせんこうばし

新暦

十一月十七日～二十一日頃

【型紙は136ページ】

香り高い水仙の花が咲く頃。金盞とは水仙の別名で、昔中国で水仙の花の黄色いところを、金色の杯にたとえたことが由来となっています。

冬

小雪

二十四節気

いろんな和紙を使った、落ち葉のタペストリー。ちぎった雪がアクセントです。

【しょうせつ】

どんよりした曇り日が増え、そろそろ初雪の降る時期に。寒さが増す中、暖かな日射しに包まれる小春日和の陽気になる日も。

枯れ葉1・2・3
【型紙は137ページ】

冬

小雪【しょうせつ】

初候

虹蔵れて見えず

にじかくれてみえず

新暦 十一月二十二日～二十六日頃

【型紙は137ページ】

昼の時間が短くなり、虹を見かけることもすっかりなくなる頃。灰色の空に、近づく冬の気配が感じられます。

冬

小雪

新暦

【しょうせつ】

十一月二十七日～十二月一日頃

次候

朔風葉を払う

朔風というのは木枯らしのこと。冷たい北風が吹き、木々から葉を払い落としてしまう頃。すっかり葉の落ちた冬木立は、いかにも寒々とした冬の光景です。

【型紙は137ページ】

さくふうはをはらう

冬

小雪

【しょうせつ】

末候

橘始めて黄なり

たちばなはじめてきなり

新暦

十二月二日〜六日頃

【型紙は137ページ】

【型紙は137ページ】

橘の実が黄色く色づく頃。橘は古くから自生していた常緑樹で、冬でも葉が枯れず、黄色の実をつけるので不老不死の象徴でもありました。

冬

大雪

二十四節気

【たいせつ】

本格的な冬の到来となる時期。雪がしんしんと降り積もり、一晩であたり一面は銀世界に。

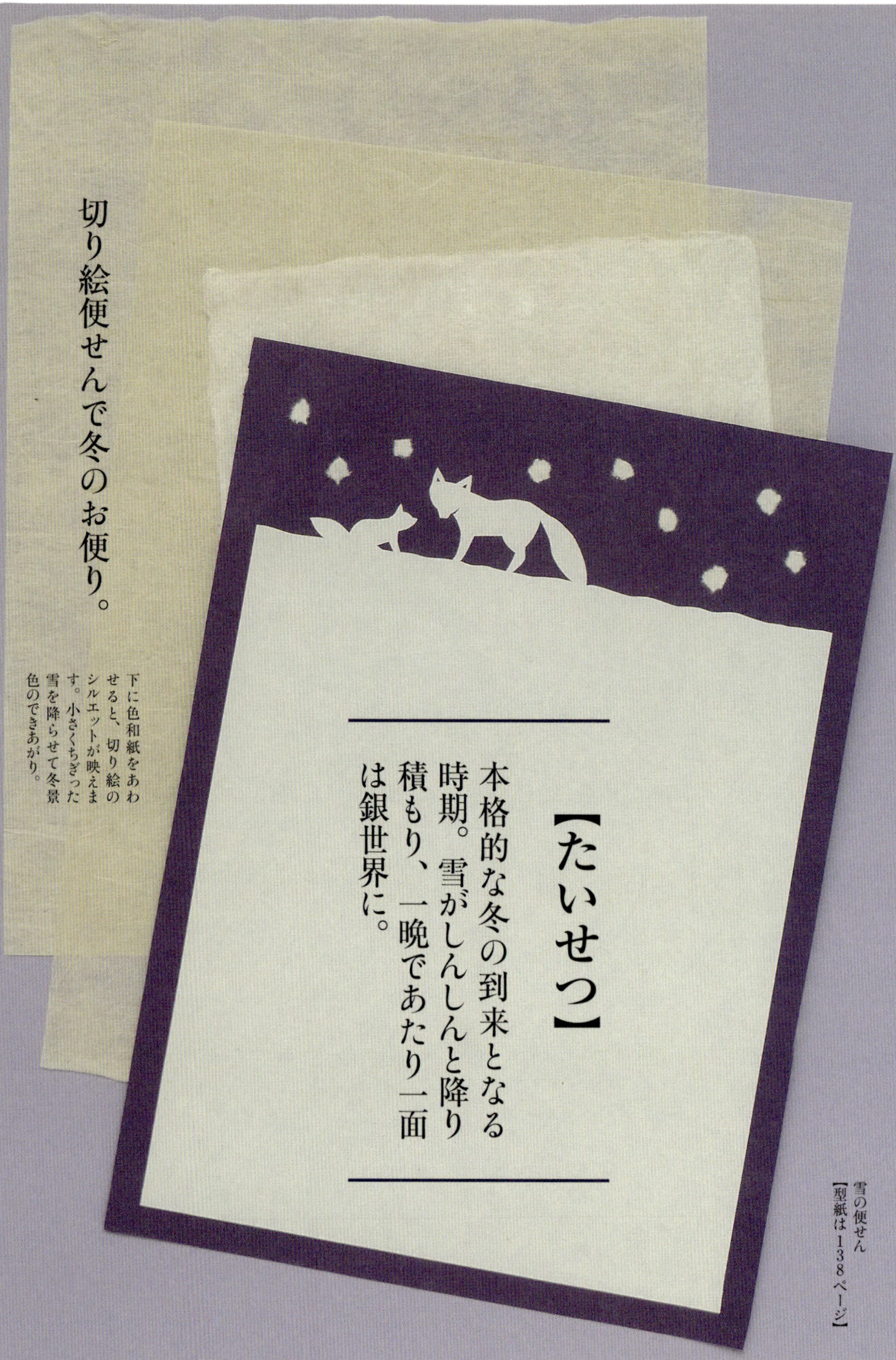

雪の便せん
【型紙は138ページ】

切り絵便せんで冬のお便り。

下に色和紙をあわせると、切り絵のシルエットが映えます。小さくちぎった雪を降らせて冬景色のできあがり。

そらさむくふゆとなる

重く垂れ込めた雲に太陽がふさがれ、大地は真冬を迎えます。山も雪に覆われ、生き物たちの動きも鈍く。冬日の静寂が伝わってきます。

【型紙は138ページ】

新暦
十二月七日〜十一日頃

冬

大雪【たいせつ】

初候

閉塞く冬と成る

冬

大雪【たいせつ】

次候

熊穴に蟄る

くまあなにこもる

新暦 十二月十二日〜十五日頃

【型紙は138ページ】

熊が栄養を蓄え、冬眠のために穴に入る頃。雌は冬の間に子どもを産み、春になると子ぐまと一緒に穴から出てきます。

冬

大雪【たいせつ】

末候

鱖魚群がる

さけむらがる

新暦 十二月十六日〜二十日頃

海で大きく育った鮭が、産卵のために群れをなして一気に川を遡ります。海へと下った鮭の稚魚が数年かけて成長し、元の川に戻ってくる光景は自然界の神秘的なドラマ。

【型紙は138ページ】

冬

冬至

二十四節気

【とうじ】

一年で一番昼が短く、夜が長いとき。この日から日が長くなり、また春を迎える一歩が始まります。

かぼちゃ
【型紙は139ページ】

ゆず
【型紙は139ページ】

冬

冬至【とうじ】

初候

乃東生ず

なつかれくさしょうず

新暦 十二月二十一日～二十五日頃

【型紙は139ページ】

夏に枯れたうつぼぐさの芽が、この季節に芽を吹き始めます。冬枯れの野でいち早く緑の芽を出す夏枯草は、生命力の象徴。

冬

冬至

【とうじ】

次候

新暦

十二月二十六日～三十日頃

麋角解つる

枝分かれしたオオジカの角が抜け落ちる頃。角は冬のこの時期に落ち、春に生え始めます。オオジカはヘラジカともいい、日本では見られないトナカイの仲間といわれています。

【型紙は139ページ】

しかのつのおつる

冬

冬至【とうじ】

末候

雪下麦を出だす

せつかむぎをいだす

新暦 十二月三十一日〜一月四日頃

一面の雪の下で、麦がひっそり芽を出す頃。お正月にあたるこの時期、地中では春の芽吹きの準備が着々と始まっています。

【型紙は139ページ】

冬

二十四節気

小寒

春の七草のぽち袋。水引がわりに切り紙で赤いラインを入れるだけで、おめでたい雰囲気に。

【しょうかん】

一番の寒さとなる「寒」のちょっと手前の時期が小寒。「寒の入り」を迎えます。

春の七草
【型紙は140〜141ページ】

冬

小寒【しょうかん】

初候

芹乃栄う

せりさかう

新暦 一月五日〜九日頃

【型紙は140ページ】

春の七草のひとつ、芹が水辺ですくすくと生えてくる頃。春の七草は、せり、なずな、ごぎょう、はこべら、ほとけのざ、すずな、すずしろ。一月七日に健康を祝って七草粥をいただきます。

冬

小寒

【しょうかん】

新暦

一月十日〜十四日頃

次候

水泉動く

すいせんうごく

【型紙は140ページ】

地中で凍っていた泉が動き始める頃。さらに寒さが厳しくなる時期に、昔の人は春に向かう目には見えない自然界の変化をとらえました。

冬

小寒【しょうかん】

末候

雉始めて雊く

きじはじめてなく

新暦 一月十五日〜十九日頃

【型紙は140ページ】

雄の雉が雌への求愛の合図として、ケーンケーンと鳴き声を上げます。この鳴き声が聞こえたら春ももうすぐ。

冬

大寒

二十四節気

椿を添えて、寒中見舞いに。

なんてん1・2・3
【型紙は141ページ】

【だいかん】

一年でもっとも寒さが厳しい時期。寒暖をくり返しながら、だんだん春へと向かっていきます。

つばきの花輪
【型紙は143ページ】

冬

大寒

【だいかん】

初候

款冬華さく

新暦

一月二十日～二十四日頃

ふきのとうはなさく

【型紙は141ページ】

雪がまだ残る地面から、蕗の花が顔を覗かせると、待ちわびた春がめぐってきたしるし。

冬

大寒

【だいかん】

次候

水沢腹く堅し

新暦 一月二十五日～二十九日頃

沢の水が厚く凍る頃。最低気温の更新が聞かれるいちばん寒い時期ですが、日が少しずつ伸び、日射しにもわずかに暖かさが増してきています。

みずさわあつくかたし

【型紙は141ページ】

冬

大寒

【だいかん】

末候

鶏始めて乳す

にわとりはじめてにゅうす

新暦

一月三十日～二月三日頃

【型紙は141ページ】

春の到来を感じて、鶏が卵を産み始める頃。鶏は鳴いて夜明けを知らせるため、昔から霊鳥とみなされてきました。身近な鶏ですが、春を告げるのに一番ふさわしい力が備わっているのです。

七十二候の切り紙
コピーして使える

型紙集

型紙はお好みのサイズに拡大・縮小コピーしてお使いください。

うぐいす

さくらの花びら

立春

初候

東風凍を解く

次候

黄鶯睍睆く

末候

魚氷に上る

初候

土脈潤い起こる

次候

霞始めて靆く

末候

草木萠え動く

ねこやなぎ

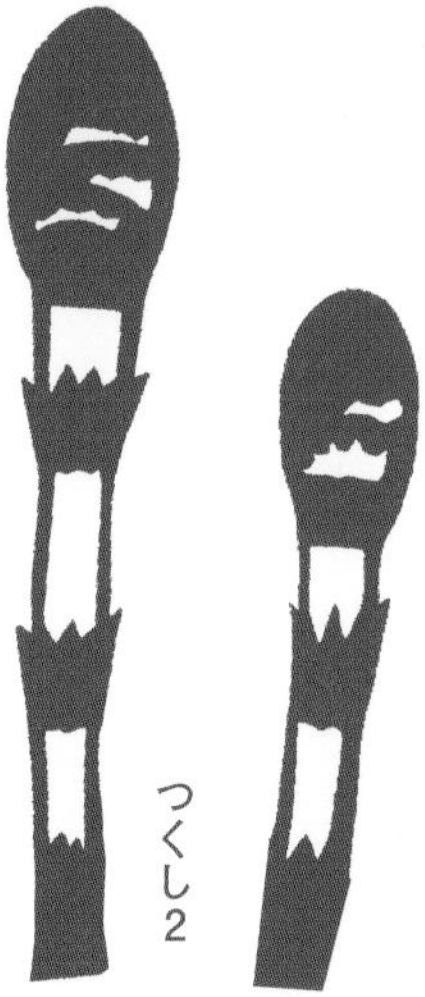

つくし1

つくし2

ぜんまい

初候

蟄虫戸を啓く

次候

桃始めて笑う

末候

菜虫蝶と化す

わらび

すみれ

じんちょうげ

初候 雀始めて巣くう

次候 桜始めて開く

末候 雷乃声を発す

たんぽぽ2

たんぽぽ1

初候

玄鳥至る

次候

鴻雁北へかえる

末候

虹始めて見る

ちょうちょ

紙を二つ折りにして切ります。

やなぎ

初候

葭始めて生ず

次候

霜止んで苗出ず

末候

牡丹華さく

なのはな

（初候）

蛙始めて鳴く

（次候）

蚯蚓出ずる

（末候）

竹笋生ず

とまと

そらまめ

さやえんどう

初候
蚕起きて桑を食う

次候
紅花栄う

とちの葉

末候
麦秋至る

すいれんとかえる

芒種

初候

蟷螂生ず

次候

腐草蛍と為る

末候

梅子黄なり

あじさいの葉

紙を二つ折りにして切ります。

あじさい

この部分は開いてから切り落とします。

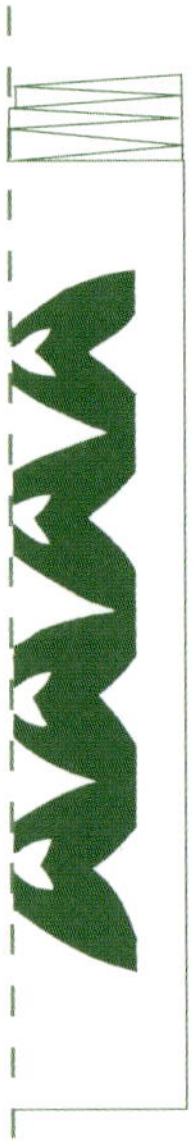

蛇腹折りにした紙に型紙をあて、はさみで切ります。

夏至

（初候）

乃東枯る

（次候）

菖蒲華さく

（末候）

半夏生ず

切り子のグラス1

紙を二つ折りにして切ります。

切り子のグラス2

紙を二つ折りにして切ります。

ゆりの花輪

初候

温風至る

末候

鷹乃学を習う

次候

蓮始めて開く

きんぎょ1

きんぎょ2

ほおずき1

ほおずき2

ほおずき3

初候

桐始めて花を結ぶ

次候

土潤いて溽し暑し

末候

大雨時行る

きゅうり

すいか2

すいか1

立秋

（初候）

涼風至る

（次候）

寒蝉鳴く

（末候）

蒙霧升降す

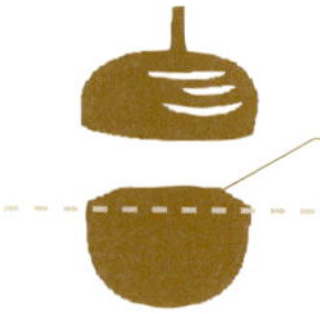

どんぐり

お皿

なす

初候

綿柎開く

次候

天地始めて粛し

末候

禾乃登る

へちま

初候

草露白し

末候

玄鳥去る

次候

鶺鴒鳴く

はぎ

ききょう

初候

雷乃声を収む

次候

蟄虫戸を坏す

末候

水始めて涸る

ひがんばな

紙を二つ折りにして切ります。

初候
鴻雁来る

末候
蟋蟀戸に在り

次候
菊花開く

紙を二つ折りにして切ります。

きく

初候

霜始めて降る

次候

霎時施す

末候

楓蔦黄なり

こたつ

かき

みかん1

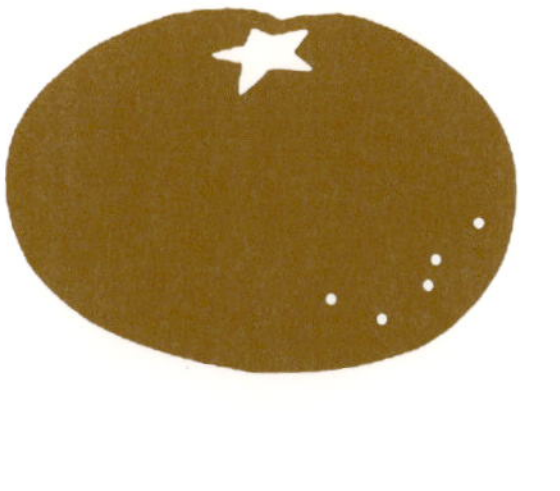

みかん2

立冬

初候

山茶始めて開く

次候

地始めて凍る

末候

金盞香し

とっくり

おちょこ

鉄瓶

お鍋

おたま

初候

虹蔵れて見えず

次候

朔風葉を払う

末候

橘始めて黄なり

枯れ葉1

紙を二つ折りにして切ります。

枯れ葉2

紙を二つ折りにして切ります。

枯れ葉3

紙を二つ折りにして切ります。

初候

閉塞く冬と成る

次候

熊穴に蟄る

末候

鱖魚群がる

和紙を小さくちぎって雪を降らせます。

雪の便せん

初候

乃東生ず

次候

麋角解つる

末候

雪下麦を出だす

ゆず

かぼちゃ

初候

芹乃栄う

次候

水泉動く

末候

雉始めて雊く

春の七草　せり

紙を二つ折りにして切ります。

春の七草　なずな

紙を二つ折りにして切ります。

春の七草　ごぎょう

紙を二つ折りにして切ります。

春の七草　はこべら

紙を二つ折りにして切ります。

春の七草　ほとけのざ

紙を二つ折りにして切ります。

初候

款冬華さく

次候

水沢腹く堅し

末候

鶏始めて乳す

春の七草　すずしろ

紙を二つ折りにして切ります。

春の七草　すずな

紙を二つ折りにして切ります。

なんてん1

なんてん2

なんてん3

ふじの花輪

さくらの花輪

あさがおの花輪

しろつめくさの花輪

つばきの花輪

もみじの花輪

つわぶき

なでしこの花輪

佐藤蕗野●さとうふきの
日本画家、紙造形作家。1982年東京生まれ。女子美術大学日本画専攻卒業。ペーパークラフトの草分け、エキグチクニオ氏のもとで、作品制作に携わる。日本画、紙造形ともにユニークな作品を発表している。2011年「和のモビール」（誠文堂新光社 刊）を出版。

編集　恵 智由紀　(m+oss)
装丁・デザイン　太田益美　(m+oss)

参考文献
「日本の七十二候を楽しむ」白井明大・有賀一広（東邦出版）

切《き》り紙《がみ》で日本《にほん》の七十二《しちじゅうに》の季節《きせつ》を楽《たの》しむ

七十二候《しちじゅうにこう》の切《き》り紙《がみ》

2013年7月22日　発　行
2014年3月20日　第2刷

NDC 754.9

著　者　佐藤《さとう》蕗野《ふきの》
発行者　小川雄一
発行所　株式会社　誠文堂新光社
〒113-0033　東京都文京区本郷3-3-11
（編集）電話 03-5805-7285
（販売）電話 03-5800-5780
http://www.seibundo-shinkosha.net/
印刷所　株式会社 大熊整美堂
製本所　和光堂製本 株式会社

ISBN978-4-416-31329-9